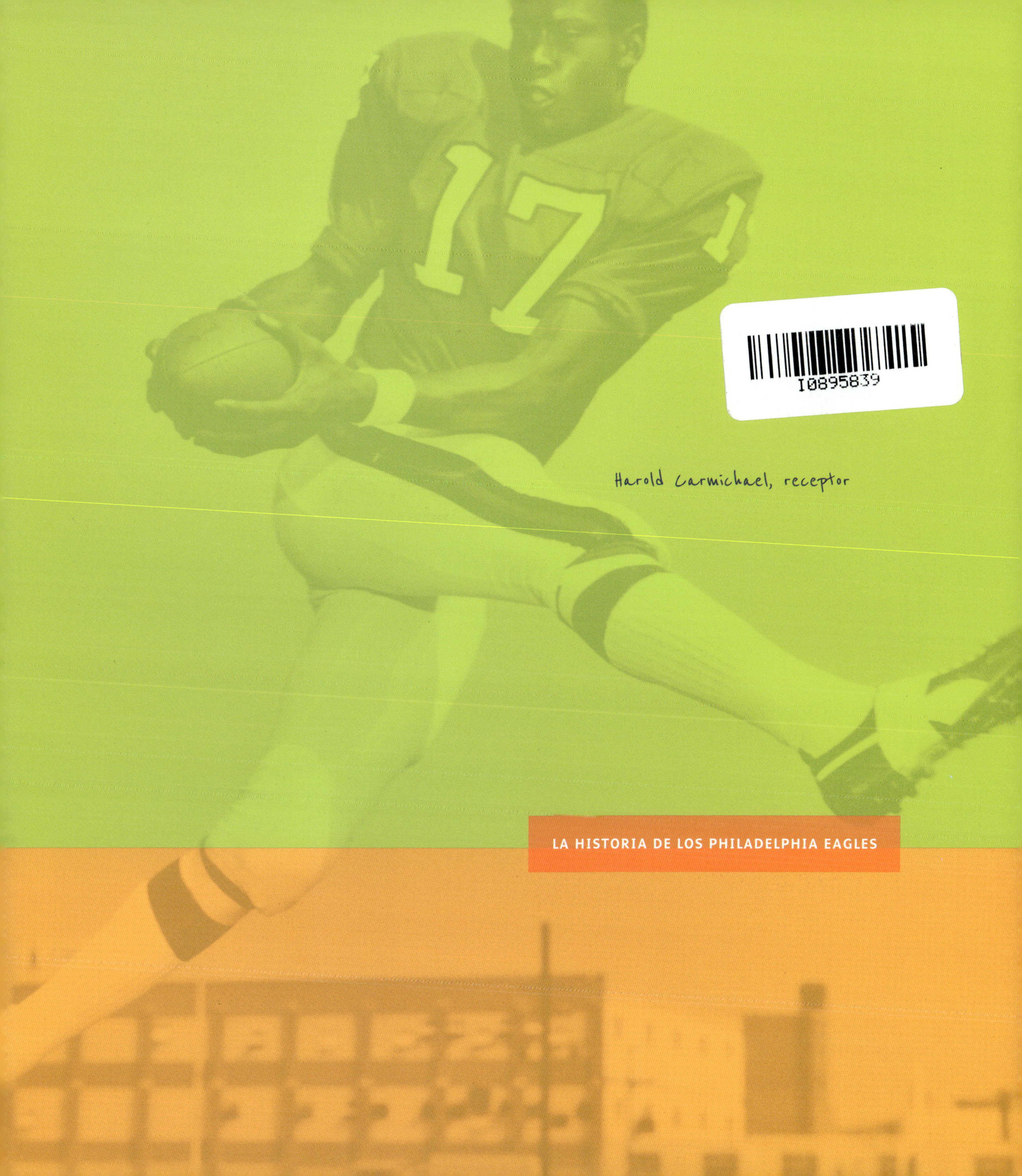

Harold Carmichael, receptor

LA HISTORIA DE LOS PHILADELPHIA EAGLES

I0895839

Haason Reddick, apoyador

LA NFL HOY EN DÍA

LA HISTORIA DE LOS

PHILADELPHIA EAGLES

JIM WHITING

Carson Wentz, mariscal de campo

CREATIVE SPORTS

CREATIVE EDUCATION / CREATIVE PAPERBACKS

Publicado por Creative Education y Creative Paperbacks
P.O. Box 227, Mankato, Minnesota 56002
Creative Education y Creative Paperbacks son marcas editoriales de The Creative Company
www.thecreativecompany.us

Dirección de arte por Tom Morgan (www.bluedes.com)
Art direction by Rita Marshall

Fotografías por Getty (Bettmann, Chris Gardner, Cooper Neill, Drew Hallowell, Elsa, Focus on Sport, Gavin Baker/Icon Sportswire, George Gojkovich, Gregory Shamus, Hunter Martin, Jamie Squire, Jerry Driendl, Kidwiler Collection/Diamond Images, Mitchell Leff, Robert Riger, Ronald C. Modra, Stacy Revere, Stephen Dunn, Tim Nwachukwu, Vic Stein), NFL (Vernon Biever)

Copyright © 2025 Creative Education, Creative Paperbacks
Los derechos internacionales de autor reservado en todoslos países. Prohibida la reproducción total o parcial de estelibro por cualquier método sin el permiso escrito del editor.

Library of Congress Cataloging-in-Publication Data
Names: Whiting, Jim, 1943- author.
Title: La historia de los Philadelphia Eagles / by Jim Whiting.
Other titles: Story of the Philadelphia Eagles. Spanish.
Description: Mankato, Minnesota : Creative Education, Creative Paperbacks, [2025] | Series: Creative sports: la NFL hoy en día | Includes index. | Audience: Ages 8-12 | Audience: Grades 4-6 | Summary: "Translated into North American Spanish, middle grade football fans are introduced to the extraordinary history of the NFL's Philadelphia Eagles with a photo-laden narrative of their greatest successes and losses"-- Provided by publisher.
Identifiers: LCCN 2023044088 (print) | LCCN 2023044089 (ebook) | ISBN 9798889891567 (library binding) | ISBN 9781682775493 (paperback) | ISBN 9798889891642 (ebook)
Subjects: LCSH: Philadelphia Eagles (Football team)--History--Juvenile literature.
Classification: LCC GV956.P44 W5518 2024 (print) | LCC GV956.P44 (ebook)
LC record available at https://lccn.loc.gov/2023044088
LC ebook record available at https://lccn.loc.gov/2023044089

Impreso en China

Asante Samuel, esquinero

McNABB
5

93

CONTENIDO

En cualquier clima 8

Los Eagles emprenden el vuelo 13

Volando alto hacia el Super Bowl 17

Reid toma las riendas 21

Ganándolo todo... ¡Al fin! 24

Índice 32

LOS GRANDES DEL FÚTBOL AMERICANO

El más subestimado 10

El fin de una era 15

Ministro de defensa 16

Big Mac 20

Día de los Foles inocentes... en febrero 27

Hombre fuerte, mujeres fuertes 29

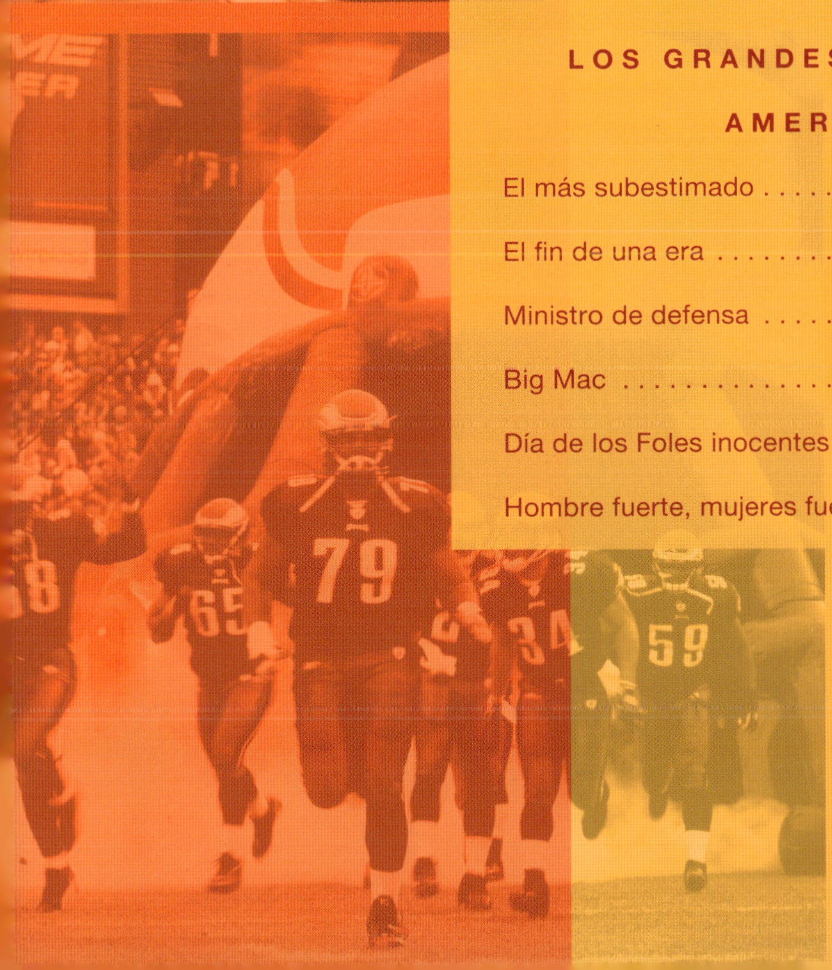

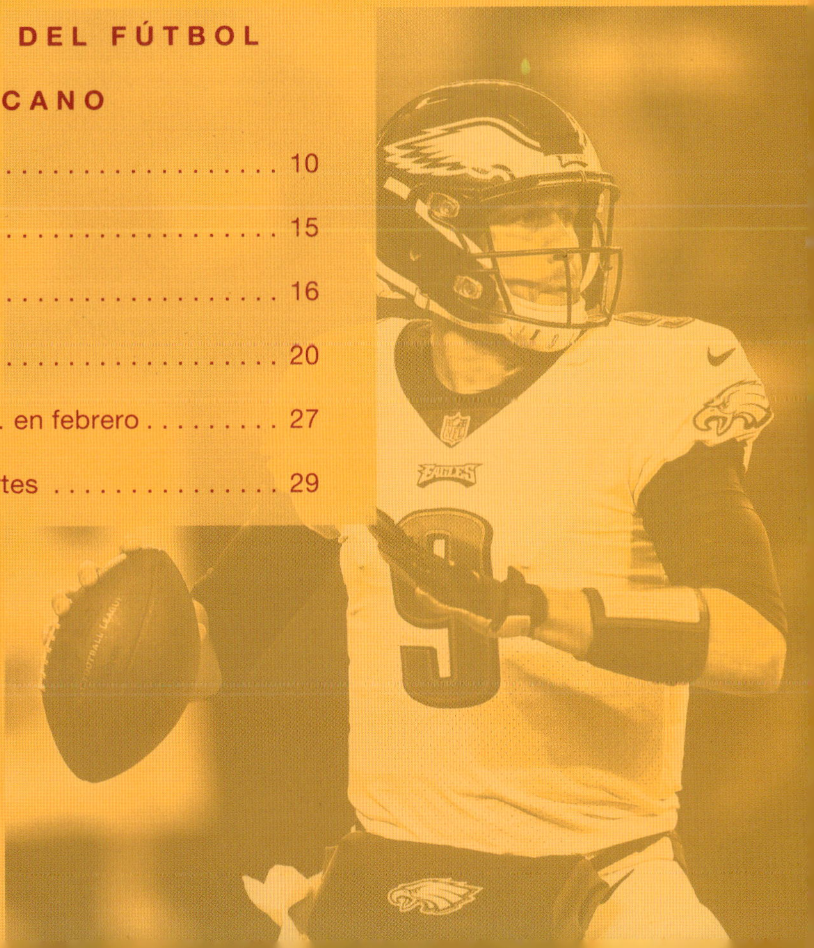

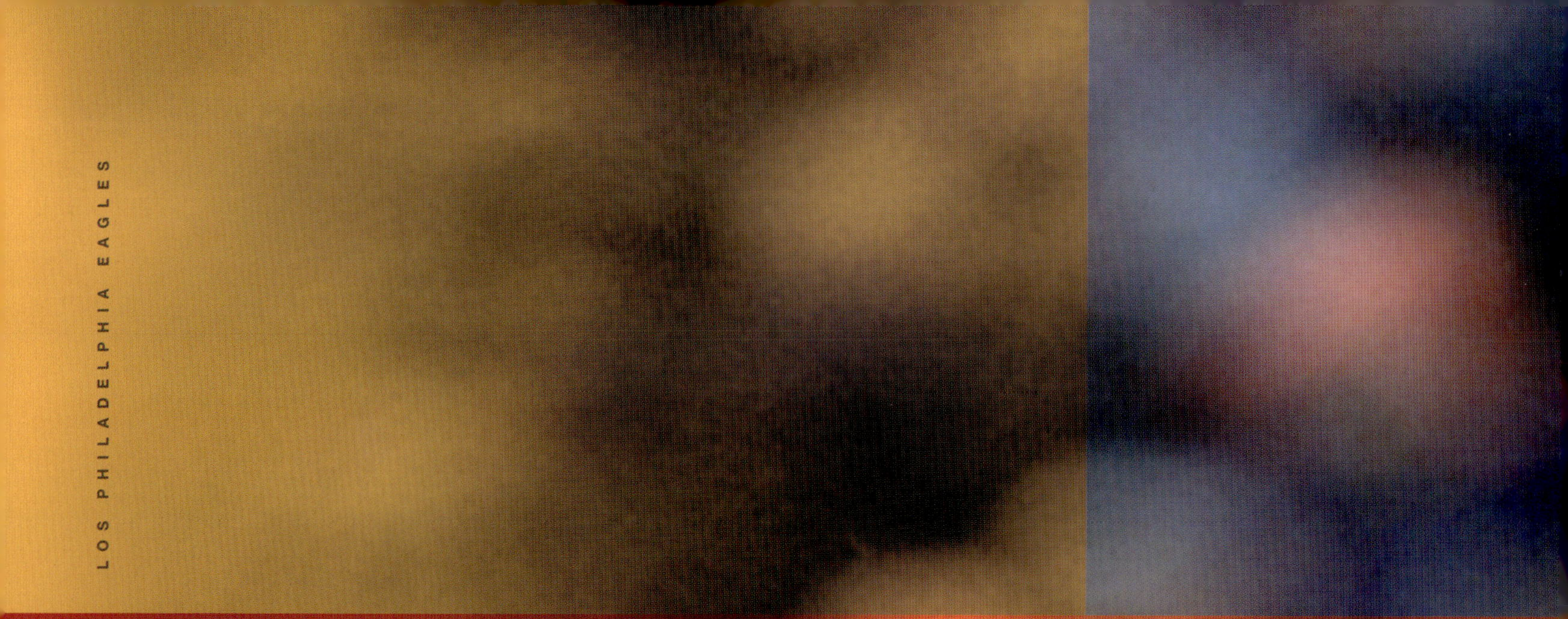

EN CUALQUIER CLIMA

La madrugada del 19 de diciembre de 1948, cayó una tormenta de nieve sobre Philadelphia, Pennsylvania. Los Eagles estaban a punto de enfrentarse como locales a los Chicago Cardinals para el campeonato de la National Football League (NFL). Era la revancha de la apuesta por el título de la temporada previa. Los Cardinals ganaron el partido por 28–21. Eran ligeramente favoritos para ganar dos seguidos.

El comisionado de la NFL, Bert Bell, era el anterior propietario de los Eagles. Él estaba considerando posponer el partido. Pero ambos equipos querían jugar. Los jugadores ayudaron al personal de las instalaciones a retirar la lona que cubría el campo. Aun así, este estaba cubierto con varias pulgadas de nieve.

A lo largo de tres cuartos, no hubo puntos en el partido. En la jugada final del tercer cuarto, Chicago soltó el balón en su propia línea de 17 yardas. Philadelphia se recuperó. Momentos después, en el cuarto cuarto, el corredor Steve Van Buren se impulsó hacia la zona de anotación desde una distancia de cinco yardas. El punto extra fue bueno. Estos eran todos los puntos que los Eagles necesitaban. Ganaron por 7–0. Era su primer campeonato de la NFL. Es el partido con el menor puntaje en la historia de los partidos de Campeonato de la NFL. “Después del primer

Juego de Campeonato de la NFL 1948

LEO SKLADANY
ALA DEFENSIVA
TEMPORADA DE LOS EAGLES: 1949
ALTURA: 6 PIES Y 2 PULGADAS (1,88 M)
PESO: 210 LIBRAS (95 KG)

EL MÁS SUBESTIMADO

Leo Skladany fue un seleccionado de la 17ª ronda de reclutamiento en 1949. Impresionó a los entrenadores en el campamento de entrenamiento. Sin embargo, no había lugar en la lista. El equipo lo metió a un equipo semiprofesional de los alrededores. De día, él trabajaba fabricando contraventanas. A finales de la temporada, lo llamaron para sustituir a un jugador lesionado. "No podía creer mi buena suerte", recordó Skladany. "De repente, ya estaba con los Eagles". Su bloqueo a la patada de despeje en el partido de Campeonato de la NFL es una de las jugadas clave en la historia de los Eagles. Era apenas su cuarto juego con Philadelphia. "Lo tomé y me deslicé por la línea de gol", comentó. "Todos los demás jugadores me rodearon". Philadelphia ganó por 14–0. La siguiente temporada, los Eagles lo intercambiaron con New York. Jugó cuatro partidos con los Giants y se retiró. "Tuve una experiencia que jamás olvidaré", dijo Skladany. "Hubiera jugado sin cobrar ese día".

Steve Van Buren, corredor

cuarto, no sentía nada", comentó el mariscal de campo Tommy Thompson. "Estaba entumecido".

Fue una suerte que Van Buren estuviera allí. Se quedó dormido porque pensó que el partido se cancelaría. El entrenador principal Greasy Neale lo llamó y le dijo que el partido sí se llevaría a cabo. El auto de Van Buren estaba bloqueado en la entrada. Van Buren usó una combinación de autobús, tranvía y metro para llegar a seis cuadras del campo. Caminó el resto del camino. Llegó justo a tiempo.

La siguiente temporada, los Eagles llegaron nuevamente al partido de campeonato. Viajaron a Los Ángeles para enfrentarse a los Rams el 18 de diciembre. Muy rara vez nieva en California.

Pero sí tuvieron que preocuparse por la lluvia. Mucha, mucha lluvia. Una tormenta empapó el área con tres pulgadas (7,6 cm) de lluvia. El campo era un mar de lodo. Los equipos le pidieron al Comisionado Bell posponer el partido. Él se negó, pues el próximo fin de semana era Navidad. El partido debía continuar según lo planeado.

Los Eagles anotaron primero en el segundo cuarto, con un pase de 31 yardas por parte de Thompson al ala Pete Pihos. En el tercer cuarto, agregaron un segundo touchdown. El ala defensiva novato Leo Skladany bloqueó una patada de despeje de los Rams. Recuperó el balón en la zona de anotación. Ahora, la puntuación era de 14–0. "No esperas que un novato haga ese tipo de jugada en un partido

11
35

de campeonato", afirmó el tacleador Vic Sears. "Nos dio un empujón tremendo. Sabíamos que no había manera de que los Rams fueran a recuperarse estando 14 puntos abajo, no contra nuestra defensa".

Había otro factor. Los Eagles seguían pasándole el balón a Van Buren para aprovechar las condiciones lodosas. Se abrió paso con energía para hacer 196 yardas en 31 acarreos. La tenaz defensa de Philadelphia les permitió a los Rams hacer solo 21 yardas de carrera. Los Eagles fueron campeones de la NFL por segundo año consecutivo.

LOS EAGLES EMPRENDEN EL VUELO

El partido de campeonato de 1949, llegó durante el 50.° aniversario del inicio de la historia del fútbol profesional en Filadelfia. Es decir, cuando los Frankford Yellow Jackets empezaron a jugar. Frankford es un vecindario al noreste de Filadelfia. Los Yellow Jackets compitieron de modo independiente hasta 1924. Luego, la franquicia se unió a la NFL. Dos años más tarde, quedaron 14–1–2. Ganaron el campeonato de la liga.

Los Yellow Jackets cayeron en bancarrota en 1931. Dos años más tarde, Bert Bell y Lud Wray, que habían sido compañeros de equipo en el fútbol universitario, compraron los derechos para presentar a un equipo totalmente nuevo en Filadelfia. Pagaban $3.500 dólares. (Hoy, el equipo está valuado en $4,9 mil millones). Bell pronto dio al equipo su apodo. Así lo contaba su hijo Upton: "[Mi padre] iba

Norm Van Brocklin, mariscal de campo

Chuck Bednarik, apoyador

caminando por la calle, levantó la mirada y vio un espectacular con el águila (eagles de la National Recovery Act [uno de los nuevos programas New Deal del presidente Franklin D. Roosevelt], allí arriba [...] [Él] decidió de inmediato: 'Ese es el nombre de mi equipo'".

Les tomó tiempo a los incipientes Eagles emprender el vuelo. Entre 1933 y 1942, ganaron solo 23 juegos. En tres de esas temporadas, tuvieron una sola victoria.

A partir de principios de la década de 1940, millones de hombres jóvenes se iban a otro país para pelear en la Segunda Guerra Mundial. La NFL padecía una escasez de jugadores. En 1943, los Eagles se fusionaron con los Pittsburgh Steelers. Se llamaban los "Steagles". Impusieron un récord de 5–4–1. La fusión duró solo una temporada.

En 1944, los Eagles reclutaron al corredor Steve Van Buren. Él ayudó a los Eagles a alcanzar el récord de 7–1–2. El año siguiente, Van Buren logró una sorprendente "triple corona". Él lideró la liga en cuanto a yardas de carrera, yardas de devolución de la patada inicial y puntos anotados. Tres años más tarde, corrió por 96 yardas contra los Cardinals, ayudando a los Eagles a ganar su primer campeonato de la NFL.

La siguiente temporada, los Eagles ganaron 11 partidos. Regresaron al partido del Campeonato de la NFL. Los Eagles derrotaron a los Rams por 14–0.

Durante la década de 1950, Filadelfia atravesó tiempos difíciles. En su conferencia, no avanzaron del segundo puesto. En esa época, solo el campeón de la conferencia avanzaba a las eliminatorias. El corazón de esos equipos era el centro/apoyador Chuck Bednarik. Los Eagles lo habían reclutado en 1949.

En 1958, Philadelphia hizo un intercambio con los Rams para quedarse con el mariscal de campo Norm Van Brocklin. En 1960, los Eagles lograron un récord de 10–2. Philadelphia conoció a los Green Bay Packers en el partido de Campeonato

EL FIN DE UNA ERA

Ningún jugador de los Eagles voló tan alto como Chuck Bednarik. Literalmente. Durante la Segunda Guerra Mundial, voló en 30 misiones de combate como ametrallador, a bordo de bombarderos B-24. Después de la guerra, jugó para la Universidad de Pennsylvania. Él fue tres veces All-American. Los Eagles lo seleccionaron como primera elección general en el Draft de la NFL 1949. Su apodo era "the 60-Minute Man" (el hombre de los 60 minutos). Bednarik fue el último jugador en jugar todo el partido a ambos lados del balón. Fue seleccionado Primer Equipo All-Pro seis veces. Fuera de temporada, vendía concreto. Un columnista de deportes local dijo que él era "tan duro como el concreto que vende". Bednarik se perdió solo 3 partidos en 14 temporadas de la NFL. El Premio Chuck Bednarik anual honra al mejor jugador defensivo del fútbol universitario.

REGGIE WHITE
ALA DEFENSIVA
TEMPORADAS DE LOS EAGLES:1985–92
ALTURA: 6 PIES Y 5 PULGADAS (1,95 M)
PESO: 300 LIBRAS (136 KG)

MINISTRO DE DEFENSA

Cuando Reggie White tenía 12 años, le dijo a su madre que tenía dos metas: convertirse en ministro y en jugador de fútbol americano. Lo consiguió. Logró ambas cosas. A los 17 años, empezó a predicar en su iglesia bautista. Pronto se convirtió en ministro autorizado. En la NFL, lo apodaron el "Ministro de Defensa". Año tras año, él lograba un total de capturas de dos dígitos. Con los Eagles, fue seleccionado Primer Equipo All-Pro seis temporadas seguidas. En 1987, White disfrutó de uno de los mejores años para cualquier liniero defensivo en la historia. La temporada se acortó por una huelga de jugadores. White jugó solo 12 partidos. Aun así, él terminó con 21 capturas. Fue nombrado Jugador Defensivo del Año de la NFL. Su carrera en los Philadelphia terminó en 1992. En ese entonces, era el único jugador en la historia de la NFL con más capturas (124) que partidos jugados (121).

de la NFL. En el cuarto cuarto, los Eagles iban perdiendo por 13–10. Van Brocklin diseñó la serie de jugadas que les permitió ganar el partido. Philadelphia ganó por 17–13. "Él era como un entrenador en el campo", dijo Bednarik.

VOLANDO ALTO HACIA EL SUPER BOWL

Durante las siguientes 15 temporadas, los Eagles tuvieron solo dos récords ganadores. Aun así, hubo algunos momentos destacados. En 1972, el receptor Harold Jackson lideraba la liga. Él tenía 62 recepciones y 1.048 yardas. El año siguiente, el sobresaliente receptor Harold Carmichael lideró la liga con 67 atrapadas y 1.116 yardas.

En 1976, Dick Vermeil fue nombrado entrenador principal. El "Coach V" trabajó incansablemente para cambiar la situación de los Eagles. Solía dormir en su oficina en lugar de ir a casa. En 1978, sus esfuerzos dieron fruto. Los Eagles regresaron a la postemporada por primera vez desde 1960. Carmichael, el mariscal de campo Ron Jaworski y el corredor Wilbert Montgomery eran jugadores claves. Para entonces, las eliminatorias se habían extendido a 10 equipos. En la ronda de comodines, Philadelphia perdió por 14–13 en un partido de gran tensión frente a los Atlanta Falcons.

La siguiente temporada, lograron 11–5. Los Eagles vencieron a los Chicago Bears en la ronda de comodines. Pero perdieron por 24–17 contra los Tampa Bay Buccaneers en la ronda divisional.

En 1980, Philadelphia terminó con 12–4. Los Eagles volaron dejando atrás a los Minnesota Vikings y a los Dallas Cowboys en las eliminatorias. Aterrizaron en el Super Bowl XV (15). Se enfrentaron a los Oakland Raiders. Pero los Raiders derrotaron a Philadelphia por 27–10. Los Eagles no perdieron la confianza en sí mismos. "Hace cuatro años, este equipo era uno al que todos dominaban", recordó Jaworski. "Ahora, somos material para el Super Bowl. ¿Sabes cuán gratificante es eso?"

La satisfacción continuó en 1981. Philadelphia logró 10–6 y regresó a las eliminatorias. Los New York Giants los acorralaron en la ronda de comodines por 27–21.

Vermeil renunció después de la temporada 1982. Él había guiado a los Eagles hacia una recién encontrada respetabilidad. Tras su marcha, los Eagles se vieron afectados. Claramente, necesitaban algo grande. En 1984, lo consiguieron. Eligieron al ala defensiva Reggie White en el reclutamiento complementario. En su primer año, él logró 13 capturas de mariscales de campo.

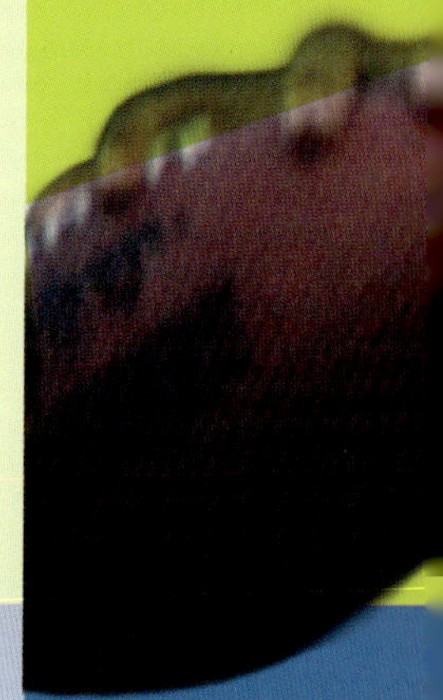

Los Eagles esperaban construir una defensa fuerte. En 1986, contrataron a Buddy Ryan como entrenador principal. Él había sido coordinador defensivo para los Chicago Bears. Los Bears acababan de ganar el Super Bowl. En 1987, Randall Cunningham entró como el mariscal de campo iniciador. Él podía lanzar el balón a más de 70 yardas por el campo.

En 1988, Cunningham y el ala cerrada novato Keith Jackson llevaron al equipo a obtener una marca de 10–6. Llegaron a las eliminatorias por primera vez desde 1981. Se enfrentaron a los Bears en la ronda divisional. Una vez más, el clima jugó un papel clave. El campo estaba envuelto en neblina. El partido se llamó "The Fog Bowl" (el Bowl de Niebla) Chicago ganó, 20–12.

El año siguiente, los Eagles brincaron al 11–5. Pero los Rams los tumbaron de las eliminatorias en la ronda de comodines. En 1990, Cunningham lanzó por 3.466 yardas y 30 touchdowns. También corrió y logró la enorme cantidad de 942 yardas.

Randall Cunningham, mariscal de campo

DONOVAN MCNABB
MARISCAL DE CAMPO
TEMPORADAS DE LOS EAGLES: 1999–2009
ALTURA: 6 PIES Y 2 PULGADAS (1,88 M)
PESO: 240 LIBRAS (109 KG)

BIG MAC

Donovan McNabb jugó fútbol universitario en la Syracuse University. Lo nombraron Jugador Ofensivo del Año de la Big East Conference tres veces. Le tomó poco tiempo dejar huella como profesional. Como novato, McNabb inició seis juegos. En 2000, se convirtió en el iniciador de tiempo completo. Fue el subcampeón por votación del reconocimiento como El jugador más valioso. McNabb también fue nombrado para el Pro Bowl esa temporada, y cuatro veces seguidas más después de eso. Él es el líder de todos los tiempos del equipo en cuanto a intentos de pase (4.746), pases completos (2.801), yardas (32.873) y pases de touchdown (216).

Sin embargo, los Eagles perdieron en la ronda de comodines. Corrieron a Ryan. Philadelphia logró 10–6 en 1991, pero no llegó a las eliminatorias. Los Eagles regresaron a las eliminatorias en 1992. Derrotaron a los New Orleans Saints en la ronda de comodines. Entonces, los Dallas Cowboys los eliminaron en la ronda divisional. Tres años más tarde, los Eagles ganaron en un fácil partido local de eliminatorias. Aplastaron a los Detroit Lions en la ronda de comodines, 58–37. Pero una semana después, los Cowboys los aplastaron por 30–11. Cunningham se retiró. Después de eso, Philadelphia empezó a decaer. En 1998, los alguna vez poderosos Eagles lograron solo 3–13.

REID TOMA LAS RIENDAS

En 1999, Andy Reid se convirtió en el entrenador principal. Los Eagles mejoraron su récord en dos partidos durante la primera temporada de Reid. Luego, en el 2000 subieron a 11–5.

La fuerza impulsora detrás de esta mejoría era el mariscal de campo Donovan McNabb. Los aficionados lo abuchearon cuando los Eagles lo reclutaron en la segunda elección general la temporada anterior. "Donovan es un chico inteligente", dijo el entrenador Reid, "y sé que se convertirá en un mariscal de campo de primera". Reid tenía razón. En el 2000, McNabb lanzó por 3.365 yardas. Logró 629 yardas más de carrera.

Philadelphia era un equipo rudo también al otro lado del balón. El ala defensiva Hugh Douglas era una cazamariscales de terror. El esquinero Troy Vincent y el profundo Brian Dawkins lideraron una defensiva secundaria agresiva. Los Eagles sofocaron a los Tampa Bay por 21–3 en la ronda de comodines. Era la primera victoria en eliminatorias para Philadelphia en cinco años. Los Giants los derrotaron

en la ronda divisional. Los Eagles siguieron mejorando. Avanzaron al partido de Campeonato de la NFC las siguientes tres temporadas. Pero perdieron las tres veces.

Después de la temporada 2003, Philadelphia reforzó su lista de jugadores. Una de las añadiduras fue el ala defensiva Jevon Kearse. Lo apodaban "The Freak" (el fenómeno) Él era implacable persiguiendo a los mariscales de campo. El equipo también contrató a Terrell Owens. Él era un receptor grande y veloz. Era famoso por su talento y un ego desmedido.

En 2004, los Eagles empezaron fuertes. Owens amasó 14 touchdowns y 1.200 yardas de recepción. Los Eagles volaron hasta el 13–3. Era el mejor récord de su historia. En las eliminatorias, aplastaron a los Vikings y a los Falcons. Se enfrentaron a los New England Patriots en el Super Bowl XXXIX (39). Fue un partido cerrado. Pero Philadelphia cometió cuatro pérdidas de balón. New England ganó por 24–21.

En 2005, McNabb sufrió lesiones dolorosas. Filadelfia se desplomó a 6-10. El equipo 2006 llegó a las eliminatorias. Sin embargo, los New Orleans Saints los eliminaron en la ronda divisional.

En 2007, los Eagles no llegaron a la postemporada. Philadelphia obtuvo nueve victorias el año siguiente. A pesar de este modesto récord, los Eagles se recuperaron en la postemporada. Derrotaron a los Vikings y a los Giants. Llegaron al partido del Campeonato NFC por quinta vez en ocho años. Los Eagles mejoraron y lograron una tardía ventaja de 25–24 contra los Arizona Cardinals. Pero los Cardinals lograron el touchdown que les hizo ganar el partido cuando quedaban menos de tres minutos.

Terrell Owens, receptor

GANÁNDOLO TODO… ¡AL FIN!

En 2009, Philadelphia terminó 11–5. Perdieron en la ronda de comodines frente a los Cowboys por 34–14. Intercambiaron a McNabb. Michael Vick se convirtió en el nuevo mariscal de campo iniciador. A muchos aficionados esto les molestó. Vick había participado en una red de peleas de perros. Estuvo dos años en la cárcel. Vick escandalizó a la NFL con la mejor temporada de su carrera. Fue nombrado el Jugador de Recuperación del Año de la NFL. Los Eagles terminaron 10–6. Pero perdieron frente a los Packers en la ronda de comodines.

Para la temporada 2011, los Eagles agregaron varios jugadores defensivos talentosos. Uno de ellos fue el equinero Nnamdi Asomugha. Además, dos jugadores ofensivos con velocidad de rayo estaban entrando a su mejor momento. Eran el corredor LeSean McCoy y el receptor DeSean Jackson. Al principio, los Eagles batallaron. Lugo, terminaron con una racha de cuatro partidos ganados. Era demasiado tarde. Con solo ocho victorias, Philadelphia no llegó a las eliminatorias. La siguiente temporada, el equipo cayó a 4–12. Despidieron a Reid, a pesar de que tenía más victorias que cualquier otro entrenador principal de los Eagles.

Los Eagles regresaron a las eliminatorias en 2013. Le ganaron a New Orleans en la ronda de comodines. En la última jugada del partido, los Saints patearon un gol de campo. Derrotaron a Philadelphia, 26–24. En 2014, el récord de 10–6 del equipo no fue suficiente para llegar a las eliminatorias. Tampoco lo fue el récord de 7–9 de la siguiente temporada.

En 2016, los Eagles tuvieron la segunda elección general en el Draft de la NFL. Eligieron al mariscal de campo Carson Wentz. Él logró 379 pases. Este era un récord para un novato en la NFL. El equipo terminó 7–9, otra vez. Wentz era aún mejor en 2017. Desafortunadamente, cerca del final de la temporada, se lesionó la rodilla. El equipo volteó para respaldar al mariscal de campo Nick Foles. Él había sido el iniciador en 2013 y 2014. Philadelphia terminó 13–3.

DeSean Jackson, receptor

EAGLES

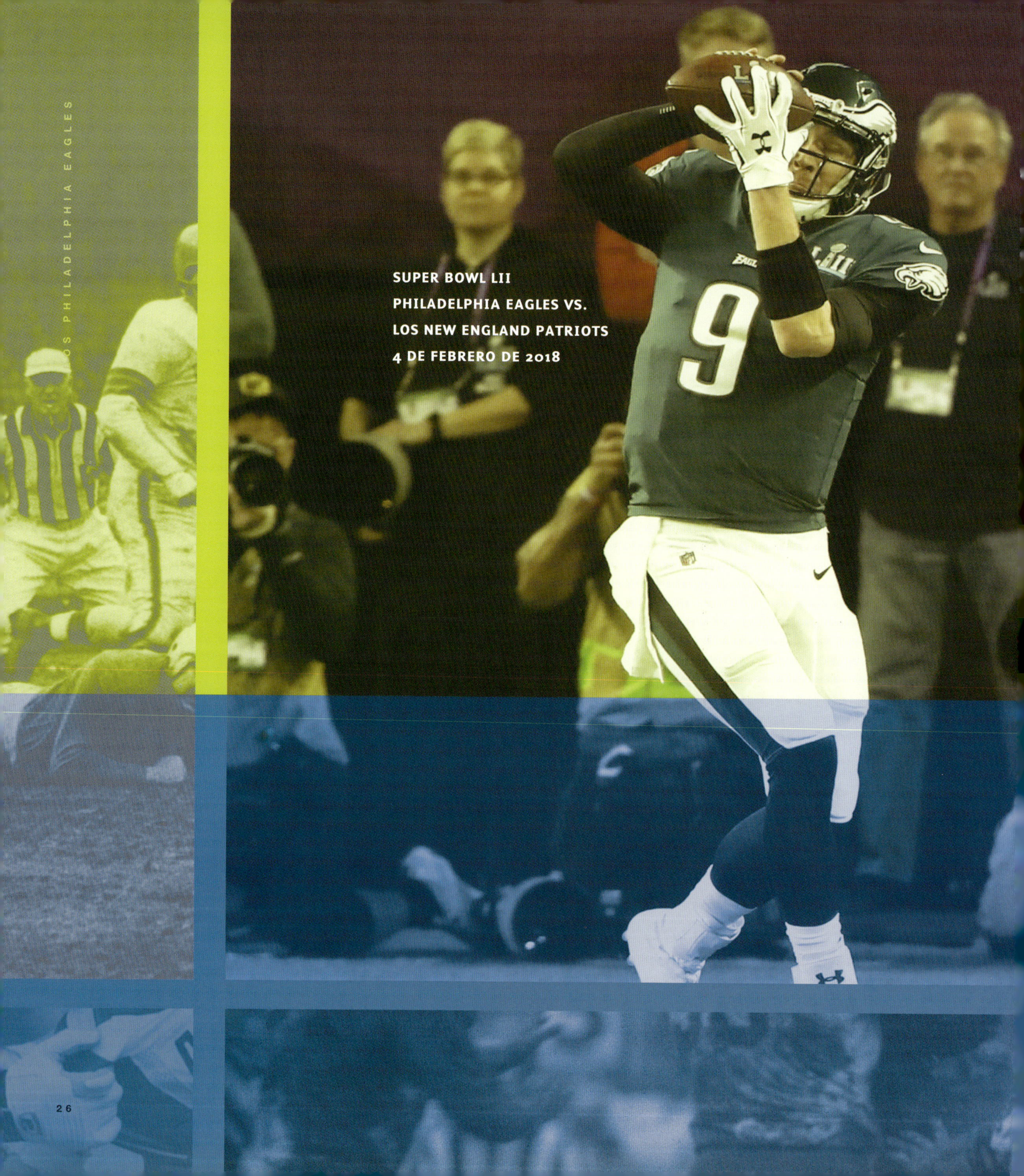

SUPER BOWL LII
PHILADELPHIA EAGLES VS.
LOS NEW ENGLAND PATRIOTS
4 DE FEBRERO DE 2018

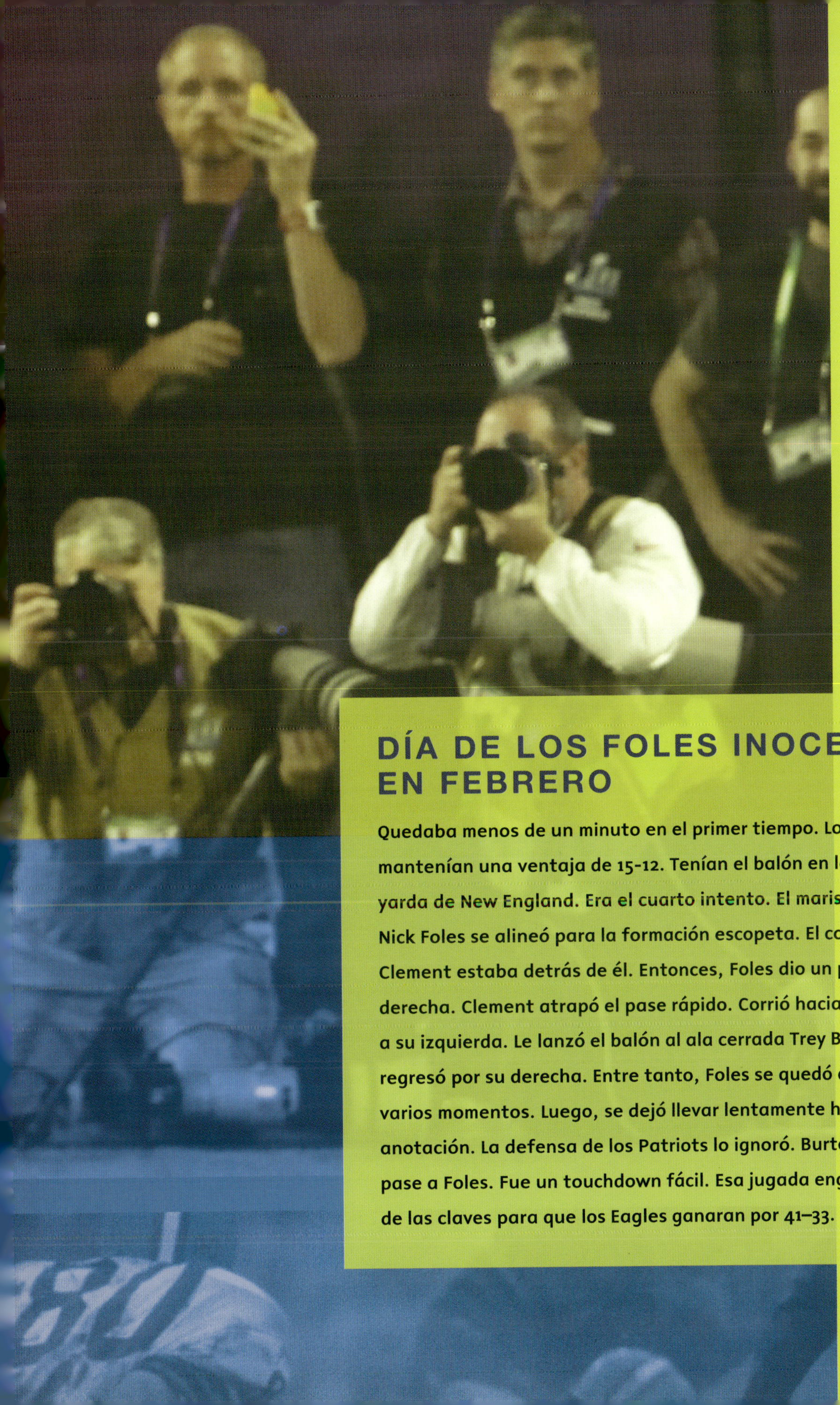

DÍA DE LOS FOLES INOCENTES... EN FEBRERO

Quedaba menos de un minuto en el primer tiempo. Los Eagles mantenían una ventaja de 15-12. Tenían el balón en la línea de una yarda de New England. Era el cuarto intento. El mariscal de campo Nick Foles se alineó para la formación escopeta. El corredor Corey Clement estaba detrás de él. Entonces, Foles dio un paso a la derecha. Clement atrapó el pase rápido. Corrió hacia la banda lateral a su izquierda. Le lanzó el balón al ala cerrada Trey Burton. Burton regresó por su derecha. Entre tanto, Foles se quedó quieto durante varios momentos. Luego, se dejó llevar lentamente hacia la zona de anotación. La defensa de los Patriots lo ignoró. Burton le lanzó un pase a Foles. Fue un touchdown fácil. Esa jugada engañosa fue una de las claves para que los Eagles ganaran por 41–33.

Zach Ertz, ala cerrada

Foles llevó a los Eagles al Super Bowl LII (52) contra los Patriots. Fue una exhibición de la ofensiva. Los equipos juntaron un récord dentro de la NFL de 1.151 yardas. Hacia finales del partido, Philadelphia mantenía una leve ventaja con 38–33. Recuperaron un balón libre en el territorio de los Patriots. Cuando quedaba 1:05 min, Jake Elliott pateó un gol de campo de 46 yardas. Con eso, su ventaja creció a 41–33. ¡Los Eagles se mantuvieron adelante y ganaron su primer Super Bowl! Habían pasado 57 temporadas desde su última temporada de campeonato. Las siguientes dos temporadas, Philadelphia logró 9–7. Las dos veces, salieron pronto de las eliminatorias. En 2020, se hundieron a 4–11–1.

El mariscal de campo de segundo año, Jalen Hurts, fue nombrado iniciador antes de la temporada 2021. Philadelphia mejoró, quedando 9–8. Tampa Bay los derrotó en la ronda de comodines.

En 2022, Hurts estaba en su mejor momento. Philadelphia se elevó hasta una puntuación de 14–3. Renunciaron solo a dos touchdowns en las primeras dos rondas de las eliminatorias. Ahora, se enfrentaban a los Kansas City Chiefs en el Super Bowl LVII (57). Hurts llevó a los Eagles a una ventaja de 24–14 en el medio tiempo. Cuando quedaban

JALEN HURTS
MARISCAL DE CAMPO
TEMPORADAS DE LOS EAGLES:
2020-HOY
ALTURA: 6 PIES Y 1 PULGADA (1,85 M)
PESO: 223 LIBRAS (101 KG)

HOMBRE FUERTE, MUJERES FUERTES

Jalen Hurts ayudó a la Universidad de Alabama a ganar el campeonato nacional en 2017. Pero los analistas del Draft de la NFL 2020 pensaban que él era tan solo una elección de rondas medias a tardías. “Eso enciende un fuego en mi interior”, comentó. “Sé que les demostraré que están equivocados”. Lo reclutaron a finales de la segunda ronda. Como capricho, la agente Nicole King se ofreció a representarlo. A Hurts no le molestó que ella fuera mujer. Él siempre había estado rodeado de mujeres fuertes. “Vi ese mismo fuego en Nicole”, afirmó. Ese fue tan solo el comienzo. Las mujeres ocupan posiciones clave en su equipo directivo. “Me pareció muy importante demostrar mi apoyo y jugar un papel para emparejar el campo de juego para las mujeres en el deporte y las mujeres en todo el mundo”, agregó.

OAKLEY
NFL
EAGLES
NFL
Wilson

DeVonta Smith, receptor

nueve minutos del partido, los Chiefs tomaron la delantera, 35–27. Cuatro minutos después, Hurts peleó durante dos yardas para lograr un touchdown. Luego, con una conversión de dos puntos, logró empatar el marcador 35–35. Pero Kansas City pateó un gol de campo de 27 yardas, cuando quedaban ocho segundos del partido. Los Chiefs ganaron por 38–35.

Antes de la temporada 2023, Hurts firmó una extensión de contrato por cinco años, por $255 millones. Fue el contrato más grande en la historia de la NFL, por 10 días. Luego, Lamar Jackson, de los Baltimore Ravens, firmó un contrato por $260 millones. Los Eagles empezaron con una marca de 10-1 en 2023. Pero perdieron cinco de los seis partidos siguientes y terminaron 11-6. El colapso no fue del todo sorprendente. Siete de sus primeras 10 victorias fueron por un touchdown o menos. Los malos tiempos continuaron en los playoffs. Tampa Bay aplastó a Philadelphia por 32-9. Un punto destacado fue Jason Kelce, quien se convirtió en el quinto centro reconocido como All-Pro al menos seis veces. Nada mal para alguien que fue elegido en la sexta ronda del draft.

Los jugadores del Philadelphia, desde los poderosos Steve Van Buren y Chuck Bednarik, hasta el "Ministro de Defensa" Reggie White y el decidido Donovan McNabb, siempre han sido rudos. Los jóvenes y talentosos Eagles de la actualidad esperan seguir volando en los niveles más altos de la NFL.

Jalen Hurts, mariscal de campo

ÍNDICE

All-Pro, 15, 16
Asomugha, Nnamdi, 24
Bednarik, Chuck, 14, 15, 31
Bell, Bert, 8, 11, 13
Burton, Trey, 27
Campeonatos de la NFL, 8, 10, 11, 13, 14
Campeonatos del Super Bowl, 27, 28
Carmichael, Harold, 17
Clement, Corey, 27
Cunningham, Randall, 18, 21
Dawkins, Brian, 21
Douglas, Hugh, 21
  Draft complementario, 18
Draft de la NFL, 10, 14, 15, 21, 24, 29
eliminatorias, 8, 10, 11, 13, 14, 17, 18, 21, 23, 24, 28
  Super Bowl, 17, 23, 27, 28, 31
Elliott, Jake, 28
Foles, Nick, 24, 27, 28
Frankford Yellow Jackets, 13
Hurts, Jalen, 28, 29, 31
Jackson, DeSean, 24
Jackson, Harold, 17
Jackson, Keith, 18
Jaworski, Ron, 17
Jugador de Recuperación del Año, 24
Jugador Defensivo del Año, 16
Kearse, Jevon, 23
King, Nicole, 29
McCoy, LeSean, 24
McNabb, Donovan, 20, 21, 23, 24, 31
Montgomery, Wilbert, 17
Neale, Greasy, 11
nombre del equipo, 13-14
  "Steagles", 14
Owens, Terrell, 23
Pihos, Pete, 11
Pro Bowl, 20
Reid, Andy, 21, 24
Ryan, Buddy, 18
Sears, Vic, 13
Skladany, Leo, 10, 11
Thompson, Tommy, 11
Van Brocklin, Norm, 14
Van Buren, Steve, 8, 11, 13, 14, 31
Vermeil, Dick, 17, 18
Vick, Michael, 24
Vincent, Troy, 21
Wentz, Carson, 24
White, Reggie, 16, 18, 31
Wray, Lud, 13